This Book Belongs To

_____

_____

⊕ **Web Site** ---------------------------------

✉ Email -------------------------------------

⊗ Username -----------------------------------

🔒 Password -----------------------------------

🖉 Note ---------------------------------------

———————————————————————————●

⊕ **Web Site** ---------------------------------

✉ Email -------------------------------------

⊗ Username -----------------------------------

🔒 Password -----------------------------------

🖉 Note ---------------------------------------

———————————————————————————●

⊕ **Web Site** ---------------------------------

✉ Email -------------------------------------

⊗ Username -----------------------------------

🔒 Password -----------------------------------

🖉 Note ---------------------------------------

———————————————————————————●

⊕ **Web Site** ---------------------------------

✉ Email -------------------------------------

⊗ Username -----------------------------------

🔒 Password -----------------------------------

🖉 Note ---------------------------------------

———————————————————————————●

⊕ **Web Site** ....

- ✉ Email ....
- 👤 Username ....
- 🔒 Password ....
- 📝 Note ....

⊕ **Web Site** ....

- ✉ Email ....
- 👤 Username ....
- 🔒 Password ....
- 📝 Note ....

⊕ **Web Site** ....

- ✉ Email ....
- 👤 Username ....
- 🔒 Password ....
- 📝 Note ....

⊕ **Web Site** ....

- ✉ Email ....
- 👤 Username ....
- 🔒 Password ....
- 📝 Note ....

A
B
C
D
E
F
G
H
I
J
K
L
M
N
O
P
Q
R
S
T
U
V
W
X
Y
Z

Web Site -

Email -

Username -

Password -

Note -

Web Site -

Email -

Username -

Password -

Note -

Web Site -

Email -

Username -

Password -

Note -

Web Site -

Email -

Username -

Password -

Note -

A B C D E F G H I J K L M N O P Q R S T U V W X Y Z

Web Site _____

🌐 **Web Site** _____
✉️ Email _____
👤 Username _____
🔒 Password _____
📋 Note _____

_____

🌐 **Web Site** _____
✉️ Email _____
👤 Username _____
🔒 Password _____
📋 Note _____

_____

🌐 **Web Site** _____
✉️ Email _____
👤 Username _____
🔒 Password _____
📋 Note _____

_____

🌐 **Web Site** _____
✉️ Email _____
👤 Username _____
🔒 Password _____
📋 Note _____

_____

A
B
C
D
E
F
G
H
I
J
K
L
M
N
O
P
Q
R
S
T
U
V
W
X
Y
Z

⊕ **Web Site** _____

✉ Email _____

⊗ Username _____

🔒 Password _____

📝 Note _____

_____●

⊕ **Web Site** _____

✉ Email _____

⊗ Username _____

🔒 Password _____

📝 Note _____

_____●

⊕ **Web Site** _____

✉ Email _____

⊗ Username _____

🔒 Password _____

📝 Note _____

_____●

⊕ **Web Site** _____

✉ Email _____

⊗ Username _____

🔒 Password _____

📝 Note _____

_____●

A
B
C
D
E
F
G
H
I
J
K
L
M
N
O
P
Q
R
S
T
U
V
W
X
Y
Z

🌐 **Web Site** ....

✉️ Email ....

👤 Username ....

🔒 Password ....

📝 Note ....

🌐 **Web Site** ....

✉️ Email ....

👤 Username ....

🔒 Password ....

📝 Note ....

🌐 **Web Site** ....

✉️ Email ....

👤 Username ....

🔒 Password ....

📝 Note ....

🌐 **Web Site** ....

✉️ Email ....

👤 Username ....

🔒 Password ....

📝 Note ....

A
B
C
D
E
F
G
H
I
J
K
L
M
N
O
P
Q
R
S
T
U
V
W
X
Y
Z

Web Site _____

Email _____

Username _____

Password _____

Note _____

_____●

Web Site _____

Email _____

Username _____

Password _____

Note _____

_____●

Web Site _____

Email _____

Username _____

Password _____

Note _____

_____●

Web Site _____

Email _____

Username _____

Password _____

Note _____

_____●

A B C D E F G H I J K L M N O P Q R S T U V W X Y Z

🌐 **Web Site** _____

✉️ Email _____

👤 Username _____

🔒 Password _____

📝 Note _____

_____●

🌐 **Web Site** _____

✉️ Email _____

👤 Username _____

🔒 Password _____

📝 Note _____

_____●

🌐 **Web Site** _____

✉️ Email _____

👤 Username _____

🔒 Password _____

📝 Note _____

_____●

🌐 **Web Site** _____

✉️ Email _____

👤 Username _____

🔒 Password _____

📝 Note _____

_____●

A
B
C
D
E
F
G
H
I
J
K
L
M
N
O
P
Q
R
S
T
U
V
W
X
Y
Z

Web Site _____

Email _____

Username _____

Password _____

Note _____

_____●

Web Site _____

Email _____

Username _____

Password _____

Note _____

_____●

Web Site _____

Email _____

Username _____

Password _____

Note _____

_____●

Web Site _____

Email _____

Username _____

Password _____

Note _____

_____●

A
B
C
D
E
F
G
H
I
J
K
L
M
N
O
P
Q
R
S
T
U
V
W
X
Y
Z

Web Site

Email

Username

Password

Note

Web Site

Email

Username

Password

Note

Web Site

Email

Username

Password

Note

Web Site

Email

Username

Password

Note

A B C D E F G H I J K L M N O P Q R S T U V W X Y Z

⊕ **Web Site** --

- ✉ Email --
- ⊗ Username --
- 🔒 Password --
- 📝 Note --

⊕ **Web Site** --

- ✉ Email --
- ⊗ Username --
- 🔒 Password --
- 📝 Note --

⊕ **Web Site** --

- ✉ Email --
- ⊗ Username --
- 🔒 Password --
- 📝 Note --

⊕ **Web Site** --

- ✉ Email --
- ⊗ Username --
- 🔒 Password --
- 📝 Note --

A
B
C
D
E
F
G
H
I
J
K
L
M
N
O
P
Q
R
S
T
U
V
W
X
Y
Z

🌐 **Web Site** ....

✉️ Email ....

👤 Username ....

🔒 Password ....

📝 Note ....

_____●

🌐 **Web Site** ....

✉️ Email ....

👤 Username ....

🔒 Password ....

📝 Note ....

_____●

🌐 **Web Site** ....

✉️ Email ....

👤 Username ....

🔒 Password ....

📝 Note ....

_____●

🌐 **Web Site** ....

✉️ Email ....

👤 Username ....

🔒 Password ....

📝 Note ....

_____●

A
B
C
D
E
F
G
H
I
J
K
L
M
N
O
P
Q
R
S
T
U
V
W
X
Y
Z

Web Site -

Email -

Username -

Password -

Note -

Web Site -

Email -

Username -

Password -

Note -

Web Site -

Email -

Username -

Password -

Note -

Web Site -

Email -

Username -

Password -

Note -

A
B
C
D
E
F
G
H
I
J
K
L
M
N
O
P
Q
R
S
T
U
V
W
X
Y
Z

Web Site _____

✉ Email _____

👤 Username _____

🔒 Password _____

📝 Note _____

_____●

Web Site _____

✉ Email _____

👤 Username _____

🔒 Password _____

📝 Note _____

_____●

Web Site _____

✉ Email _____

👤 Username _____

🔒 Password _____

📝 Note _____

_____●

Web Site _____

✉ Email _____

👤 Username _____

🔒 Password _____

📝 Note _____

_____●

A
B
C
D
E
F
G
H
I
J
K
L
M
N
O
P
Q
R
S
T
U
V
W
X
Y
Z

Web Site

Email

Username

Password

Note

Web Site

Email

Username

Password

Note

Web Site

Email

Username

Password

Note

Web Site

Email

Username

Password

Note

A
B
C
D
E
F
G
H
I
J
K
L
M
N
O
P
Q
R
S
T
U
V
W
X
Y
Z

Web Site _____

✉ Email _____

⊘ Username _____

🔒 Password _____

✎ Note _____

_____●

Web Site _____

✉ Email _____

⊘ Username _____

🔒 Password _____

✎ Note _____

_____●

Web Site _____

✉ Email _____

⊘ Username _____

🔒 Password _____

✎ Note _____

_____●

Web Site _____

✉ Email _____

⊘ Username _____

🔒 Password _____

✎ Note _____

_____●

A
B
C
D
E
F
G
H
I
J
K
L
M
N
O
P
Q
R
S
T
U
V
W
X
Y
Z

⊕ **Web Site** _____

✉ Email _____

⊗ Username _____

🔒 Password _____

🖉 Note _____

_____

⊕ **Web Site** _____

✉ Email _____

⊗ Username _____

🔒 Password _____

🖉 Note _____

_____

⊕ **Web Site** _____

✉ Email _____

⊗ Username _____

🔒 Password _____

🖉 Note _____

_____

⊕ **Web Site** _____

✉ Email _____

⊗ Username _____

🔒 Password _____

🖉 Note _____

_____

A
B
C
D
E
F
G
H
I
J
K
L
M
N
O
P
Q
R
S
T
U
V
W
X
Y
Z

⊕ **Web Site** _

✉ Email _

⊗ Username _

🔒 Password _

📝 Note _

⊕ **Web Site** _

✉ Email _

⊗ Username _

🔒 Password _

📝 Note _

⊕ **Web Site** _

✉ Email _

⊗ Username _

🔒 Password _

📝 Note _

⊕ **Web Site** _

✉ Email _

⊗ Username _

🔒 Password _

📝 Note _

A B C D **E** F G H I J K L M N O P Q R S T U V W X Y Z

Web Site

Web Site -

Email -

Username -

Password -

Note -

Web Site -

Email -

Username -

Password -

Note -

Web Site -

Email -

Username -

Password -

Note -

Web Site -

Email -

Username -

Password -

Note -

A
B
C
D
E
F
G
H
I
J
K
L
M
N
O
P
Q
R
S
T
U
V
W
X
Y
Z

🌐 **Web Site** _____
✉ Email _____
👤 Username _____
🔒 Password _____
📝 Note _____
————————————————————●

🌐 **Web Site** _____
✉ Email _____
👤 Username _____
🔒 Password _____
📝 Note _____
————————————————————●

🌐 **Web Site** _____
✉ Email _____
👤 Username _____
🔒 Password _____
📝 Note _____
————————————————————●

🌐 **Web Site** _____
✉ Email _____
👤 Username _____
🔒 Password _____
📝 Note _____
————————————————————●

A
B
C
D
E
F
G
H
I
J
K
L
M
N
O
P
Q
R
S
T
U
V
W
X
Y
Z

⊕ **Web Site** --

✉ Email --

⊗ Username --

🔒 Password --

📋 Note --

⊕ **Web Site** --

✉ Email --

⊗ Username --

🔒 Password --

📋 Note --

⊕ **Web Site** --

✉ Email --

⊗ Username --

🔒 Password --

📋 Note --

⊕ **Web Site** --

✉ Email --

⊗ Username --

🔒 Password --

📋 Note --

A
B
C
D
E
F
G
H
I
J
K
L
M
N
O
P
Q
R
S
T
U
V
W
X
Y
Z

Web Site

Email

Username

Password

Note

Web Site

Email

Username

Password

Note

Web Site

Email

Username

Password

Note

Web Site

Email

Username

Password

Note

A B C D E F G H I J K L M N O P Q R S T U V W X Y Z

Web Site -

Email -

Username -

Password -

Note -

Web Site -

Email -

Username -

Password -

Note -

Web Site -

Email -

Username -

Password -

Note -

Web Site -

Email -

Username -

Password -

Note -

A
B
C
D
E
F
G
H
I
J
K
L
M
N
O
P
Q
R
S
T
U
V
W
X
Y
Z

Web Site

Web Site
Email
Username
Password
Note

Web Site
Email
Username
Password
Note

Web Site
Email
Username
Password
Note

Web Site
Email
Username
Password
Note

A
B
C
D
E
F
G
H
I
J
K
L
M
N
O
P
Q
R
S
T
U
V
W
X
Y
Z

Web Site -

Email -

Username -

Password -

Note -

Web Site -

Email -

Username -

Password -

Note -

Web Site -

Email -

Username -

Password -

Note -

Web Site -

Email -

Username -

Password -

Note -

A B C D E F G H I J K L M N O P Q R S T U V W X Y Z

Web Site _____

Email _____

Username _____

Password _____

Note _____

_____●

Web Site _____

Email _____

Username _____

Password _____

Note _____

_____●

Web Site _____

Email _____

Username _____

Password _____

Note _____

_____●

Web Site _____

Email _____

Username _____

Password _____

Note _____

_____●

A B C D E F G H I J K L M N O P Q R S T U V W X Y Z

Web Site

Email

Username

Password

Note

Web Site

Email

Username

Password

Note

Web Site

Email

Username

Password

Note

Web Site

Email

Username

Password

Note

A
B
C
D
E
F
G
H
I
J
K
L
M
N
O
P
Q
R
S
T
U
V
W
X
Y
Z

Web Site _____

Email _____

Username _____

Password _____

Note _____

_____●

Web Site _____

Email _____

Username _____

Password _____

Note _____

_____●

Web Site _____

Email _____

Username _____

Password _____

Note _____

_____●

Web Site _____

Email _____

Username _____

Password _____

Note _____

_____●

A
B
C
D
E
F
G
H
I
J
K
L
M
N
O
P
Q
R
S
T
U
V
W
X
Y
Z

⊕ **Web Site** _____

✉ Email _____

⊗ Username _____

🔒 Password _____

📝 Note _____

_____

⊕ **Web Site** _____

✉ Email _____

⊗ Username _____

🔒 Password _____

📝 Note _____

_____

⊕ **Web Site** _____

✉ Email _____

⊗ Username _____

🔒 Password _____

📝 Note _____

_____

⊕ **Web Site** _____

✉ Email _____

⊗ Username _____

🔒 Password _____

📝 Note _____

_____

A
B
C
D
E
F
G
H
I
J
K
L
M
N
O
P
Q
R
S
T
U
V
W
X
Y
Z

Web Site

Email

Username

Password

Note

Web Site

Email

Username

Password

Note

Web Site

Email

Username

Password

Note

Web Site

Email

Username

Password

Note

A B C D E F G H I J K L M N O P Q R S T U V W X Y Z

⊕ **Web Site** _____

✉ Email _____

⊗ Username _____

🔒 Password _____

📝 Note _____

_____●

⊕ **Web Site** _____

✉ Email _____

⊗ Username _____

🔒 Password _____

📝 Note _____

_____●

⊕ **Web Site** _____

✉ Email _____

⊗ Username _____

🔒 Password _____

📝 Note _____

_____●

⊕ **Web Site** _____

✉ Email _____

⊗ Username _____

🔒 Password _____

📝 Note _____

_____●

A
B
C
D
E
F
G
H
I
J
K
L
M
N
O
P
Q
R
S
T
U
V
W
X
Y
Z

Web Site

Email

Username

Password

Note

Web Site

Email

Username

Password

Note

Web Site

Email

Username

Password

Note

Web Site

Email

Username

Password

Note

A
B
C
D
E
F
G
H
I
J
K
L
M
N
O
P
Q
R
S
T
U
V
W
X
Y
Z

Web Site

Email

Username

Password

Note

Web Site

Email

Username

Password

Note

Web Site

Email

Username

Password

Note

Web Site

Email

Username

Password

Note

A B C D E F G H I J K L M N O P Q R S T U V W X Y Z

Web Site _____

Email _____

Username _____

Password _____

Note _____

_____●

Web Site _____

Email _____

Username _____

Password _____

Note _____

_____●

Web Site _____

Email _____

Username _____

Password _____

Note _____

_____●

Web Site _____

Email _____

Username _____

Password _____

Note _____

_____●

A
B
C
D
E
F
G
H
I
J
K
L
M
N
O
P
Q
R
S
T
U
V
W
X
Y
Z

Web Site

Email

Username

Password

Note

Web Site

Email

Username

Password

Note

Web Site

Email

Username

Password

Note

Web Site

Email

Username

Password

Note

A
B
C
D
E
F
G
H
I
J
K
L
M
N
O
P
Q
R
S
T
U
V
W
X
Y
Z

Web Site -

Email -

Username -

Password -

Note -

Web Site -

Email -

Username -

Password -

Note -

Web Site -

Email -

Username -

Password -

Note -

Web Site -

Email -

Username -

Password -

Note -

A B C D E F G H I J K L M N O P Q R S T U V W X Y Z

⊕ **Web Site** ------------------------------------

✉ Email ------------------------------------

⊗ Username ------------------------------------

🔒 Password ------------------------------------

📝 Note ------------------------------------

⊕ **Web Site** ------------------------------------

✉ Email ------------------------------------

⊗ Username ------------------------------------

🔒 Password ------------------------------------

📝 Note ------------------------------------

⊕ **Web Site** ------------------------------------

✉ Email ------------------------------------

⊗ Username ------------------------------------

🔒 Password ------------------------------------

📝 Note ------------------------------------

⊕ **Web Site** ------------------------------------

✉ Email ------------------------------------

⊗ Username ------------------------------------

🔒 Password ------------------------------------

📝 Note ------------------------------------

A
B
C
D
E
F
G
H
I
J
K
L
M
N
O
P
Q
R
S
T
U
V
W
X
Y
Z

Web Site --

Email --

Username --

Password --

Note --

Web Site --

Email --

Username --

Password --

Note --

Web Site --

Email --

Username --

Password --

Note --

Web Site --

Email --

Username --

Password --

Note --

A
B
C
D
E
F
G
H
I
J
K
L
M
N
O
P
Q
R
S
T
U
V
W
X
Y
Z

Web Site _____

✉ Email _____

⊕ Username _____

🔒 Password _____

📝 Note _____

──────────────────────────●

Web Site _____

✉ Email _____

⊕ Username _____

🔒 Password _____

📝 Note _____

──────────────────────────●

Web Site _____

✉ Email _____

⊕ Username _____

🔒 Password _____

📝 Note _____

──────────────────────────●

Web Site _____

✉ Email _____

⊕ Username _____

🔒 Password _____

📝 Note _____

──────────────────────────●

A
B
C
D
E
F
G
H
I
J
K
L
M
N
O
P
Q
R
S
T
U
V
W
X
Y
Z

Web Site

Email

Username

Password

Note

Web Site

Email

Username

Password

Note

Web Site

Email

Username

Password

Note

Web Site

Email

Username

Password

Note

A B C D E F G H I J K L M N O P Q R S T U V W X Y Z

⊕ **Web Site** _____

✉ Email _____

⊗ Username _____

🔒 Password _____

📝 Note _____

⊕ **Web Site** _____

✉ Email _____

⊗ Username _____

🔒 Password _____

📝 Note _____

⊕ **Web Site** _____

✉ Email _____

⊗ Username _____

🔒 Password _____

📝 Note _____

⊕ **Web Site** _____

✉ Email _____

⊗ Username _____

🔒 Password _____

📝 Note _____

A
B
C
D
E
F
G
H
I
J
K
L
M
N
O
P
Q
R
S
T
U
V
W
X
Y
Z

Web Site

Email

Username

Password

Note

Web Site

Email

Username

Password

Note

Web Site

Email

Username

Password

Note

Web Site

Email

Username

Password

Note

A
B
C
D
E
F
G
H
I
J
K
L
M
N
O
P
Q
R
S
T
U
V
W
X
Y
Z

Web Site

- ⊕ **Web Site** ....
- ✉ Email ....
- ⊙ Username ....
- 🔒 Password ....
- 📝 Note ....

- ⊕ **Web Site** ....
- ✉ Email ....
- ⊙ Username ....
- 🔒 Password ....
- 📝 Note ....

- ⊕ **Web Site** ....
- ✉ Email ....
- ⊙ Username ....
- 🔒 Password ....
- 📝 Note ....

- ⊕ **Web Site** ....
- ✉ Email ....
- ⊙ Username ....
- 🔒 Password ....
- 📝 Note ....

A
B
C
D
E
F
G
H
I
J
K
L
M
N
O
P
Q
R
S
T
U
V
W
X
Y
Z

Web Site

Email

Username

Password

Note

Web Site

Email

Username

Password

Note

Web Site

Email

Username

Password

Note

Web Site

Email

Username

Password

Note

A
B
C
D
E
F
G
H
I
J
K
L
M
N
O
P
Q
R
S
T
U
V
W
X
Y
Z

⊕ **Web Site** _____

✉ Email _____

⊗ Username _____

🔒 Password _____

✍ Note _____

─────────────────────────────●

⊕ **Web Site** _____

✉ Email _____

⊗ Username _____

🔒 Password _____

✍ Note _____

─────────────────────────────●

⊕ **Web Site** _____

✉ Email _____

⊗ Username _____

🔒 Password _____

✍ Note _____

─────────────────────────────●

⊕ **Web Site** _____

✉ Email _____

⊗ Username _____

🔒 Password _____

✍ Note _____

─────────────────────────────●

A
B
C
D
E
F
G
H
I
J
K
L
M
N
O
P
Q
R
S
T
U
V
W
X
Y
Z

Web Site _____

✉ Email _____

👤 Username _____

🔒 Password _____

📝 Note _____

————————————————————————●

Web Site _____

✉ Email _____

👤 Username _____

🔒 Password _____

📝 Note _____

————————————————————————●

Web Site _____

✉ Email _____

👤 Username _____

🔒 Password _____

📝 Note _____

————————————————————————●

Web Site _____

✉ Email _____

👤 Username _____

🔒 Password _____

📝 Note _____

————————————————————————●

A
B
C
D
E
F
G
H
I
J
K
L
M
N
O
P
Q
R
S
T
U
V
W
X
Y
Z

Web Site

Email

Username

Password

Note

Web Site

Email

Username

Password

Note

Web Site

Email

Username

Password

Note

Web Site

Email

Username

Password

Note

A B C D E F G H I J K L M N O P Q R S T U V W X Y Z

Web Site

Web Site ....

Email ....

Username ....

Password ....

Note ....

Web Site ....

Email ....

Username ....

Password ....

Note ....

Web Site ....

Email ....

Username ....

Password ....

Note ....

Web Site ....

Email ....

Username ....

Password ....

Note ....

A B C D E F G H I J K L M N O P Q R S T U V W X Y Z

Web Site

Email

Username

Password

Note

Web Site

Email

Username

Password

Note

Web Site

Email

Username

Password

Note

Web Site

Email

Username

Password

Note

A
B
C
D
E
F
G
H
I
J
K
L
M
N
O
P
Q
R
S
T
U
V
W
X
Y
Z

Web Site

Email

Username

Password

Note

Web Site

Email

Username

Password

Note

Web Site

Email

Username

Password

Note

Web Site

Email

Username

Password

Note

A
B
C
D
E
F
G
H
I
J
K
L
M
N
O
P
Q
R
S
T
U
V
W
X
Y
Z

Web Site ------------------------------

Email ------------------------------

Username ------------------------------

Password ------------------------------

Note ------------------------------

Web Site ------------------------------

Email ------------------------------

Username ------------------------------

Password ------------------------------

Note ------------------------------

Web Site ------------------------------

Email ------------------------------

Username ------------------------------

Password ------------------------------

Note ------------------------------

Web Site ------------------------------

Email ------------------------------

Username ------------------------------

Password ------------------------------

Note ------------------------------

A
B
C
D
E
F
G
H
I
J
K
L
M
N
O
P
Q
R
S
T
U
V
W
X
Y
Z

Web Site _____

Email _____

Username _____

Password _____

Note _____

_____

Web Site _____

Email _____

Username _____

Password _____

Note _____

_____

Web Site _____

Email _____

Username _____

Password _____

Note _____

_____

Web Site _____

Email _____

Username _____

Password _____

Note _____

_____

A
B
C
D
E
F
G
H
I
J
K
L
M
N
O
P
Q
R
S
T
U
V
W
X
Y
Z

Web Site

Email

Username

Password

Note

Web Site

Email

Username

Password

Note

Web Site

Email

Username

Password

Note

Web Site

Email

Username

Password

Note

A B C D E F G H I J K L M N O P Q R S T U V W X Y Z

⊕ **Web Site** _____

✉ Email _____

⊗ Username _____

🔒 Password _____

🖹 Note _____

_____●

⊕ **Web Site** _____

✉ Email _____

⊗ Username _____

🔒 Password _____

🖹 Note _____

_____●

⊕ **Web Site** _____

✉ Email _____

⊗ Username _____

🔒 Password _____

🖹 Note _____

_____●

⊕ **Web Site** _____

✉ Email _____

⊗ Username _____

🔒 Password _____

🖹 Note _____

_____●

A
B
C
D
E
F
G
H
I
J
K
L
M
N
O
P
Q
R
S
T
U
V
W
X
Y
Z

🌐 **Web Site** ------------------------------

✉️ Email ------------------------------

👤 Username ------------------------------

🔒 Password ------------------------------

📝 Note ------------------------------

🌐 **Web Site** ------------------------------

✉️ Email ------------------------------

👤 Username ------------------------------

🔒 Password ------------------------------

📝 Note ------------------------------

🌐 **Web Site** ------------------------------

✉️ Email ------------------------------

👤 Username ------------------------------

🔒 Password ------------------------------

📝 Note ------------------------------

🌐 **Web Site** ------------------------------

✉️ Email ------------------------------

👤 Username ------------------------------

🔒 Password ------------------------------

📝 Note ------------------------------

A
B
C
D
E
F
G
H
I
J
K
L
M
N
O
P
Q
R
S
T
U
V
W
X
Y
Z

🌐 **Web Site** _____

✉️ Email _____

👤 Username _____

🔒 Password _____

📝 Note _____

🌐 **Web Site** _____

✉️ Email _____

👤 Username _____

🔒 Password _____

📝 Note _____

🌐 **Web Site** _____

✉️ Email _____

👤 Username _____

🔒 Password _____

📝 Note _____

🌐 **Web Site** _____

✉️ Email _____

👤 Username _____

🔒 Password _____

📝 Note _____

A
B
C
D
E
F
G
H
I
J
K
L
M
N
O
P
Q
R
S
T
U
V
W
X
Y
Z

⊕ **Web Site** _____

🖂 Email _____

⊗ Username _____

🔒 Password _____

📝 Note _____

_____●

⊕ **Web Site** _____

🖂 Email _____

⊗ Username _____

🔒 Password _____

📝 Note _____

_____●

⊕ **Web Site** _____

🖂 Email _____

⊗ Username _____

🔒 Password _____

📝 Note _____

_____●

⊕ **Web Site** _____

🖂 Email _____

⊗ Username _____

🔒 Password _____

📝 Note _____

_____●

A
B
C
D
E
F
G
H
I
J
K
L
M
N
O
P
Q
R
S
T
U
V
W
X
Y
Z

Web Site

Email

Username

Password

Note

Web Site

Email

Username

Password

Note

Web Site

Email

Username

Password

Note

Web Site

Email

Username

Password

Note

A
B
C
D
E
F
G
H
I
J
K
L
M
N
O
P
Q
R
S
T
U
V
W
X
Y
Z

Web Site

Email

Username

Password

Note

Web Site

Email

Username

Password

Note

Web Site

Email

Username

Password

Note

Web Site

Email

Username

Password

Note

A
B
C
D
E
F
G
H
I
J
K
L
M
N
O
P
Q
R
S
T
U
V
W
X
Y
Z

Web Site

- 🌐 **Web Site** _____
- ✉️ Email _____
- 👤 Username _____
- 🔒 Password _____
- 📝 Note _____
  _____●

- 🌐 **Web Site** _____
- ✉️ Email _____
- 👤 Username _____
- 🔒 Password _____
- 📝 Note _____
  _____●

- 🌐 **Web Site** _____
- ✉️ Email _____
- 👤 Username _____
- 🔒 Password _____
- 📝 Note _____
  _____●

- 🌐 **Web Site** _____
- ✉️ Email _____
- 👤 Username _____
- 🔒 Password _____
- 📝 Note _____
  _____●

A B C D E F G H I J K L M N **O** P Q R S T U V W X Y Z

Web Site

Email

Username

Password

Note

Web Site

Email

Username

Password

Note

Web Site

Email

Username

Password

Note

Web Site

Email

Username

Password

Note

A
B
C
D
E
F
G
H
I
J
K
L
M
N
O
P
Q
R
S
T
U
V
W
X
Y
Z

Web Site ....

Email ....

Username ....

Password ....

Note ....

Web Site ....

Email ....

Username ....

Password ....

Note ....

Web Site ....

Email ....

Username ....

Password ....

Note ....

Web Site ....

Email ....

Username ....

Password ....

Note ....

A
B
C
D
E
F
G
H
I
J
K
L
M
N
O
P
Q
R
S
T
U
V
W
X
Y
Z

Web Site

Email

Username

Password

Note

Web Site

Email

Username

Password

Note

Web Site

Email

Username

Password

Note

Web Site

Email

Username

Password

Note

A
B
C
D
E
F
G
H
I
J
K
L
M
N
O
P
Q
R
S
T
U
V
W
X
Y
Z

Web Site _____

Email _____

Username _____

Password _____

Note _____

_____

Web Site _____

Email _____

Username _____

Password _____

Note _____

_____

Web Site _____

Email _____

Username _____

Password _____

Note _____

_____

Web Site _____

Email _____

Username _____

Password _____

Note _____

_____

A
B
C
D
E
F
G
H
I
J
K
L
M
N
O
P
Q
R
S
T
U
V
W
X
Y
Z

Web Site ------------------------------------

Email ------------------------------------

Username ------------------------------------

Password ------------------------------------

Note ------------------------------------

_____●

Web Site ------------------------------------

Email ------------------------------------

Username ------------------------------------

Password ------------------------------------

Note ------------------------------------

_____●

Web Site ------------------------------------

Email ------------------------------------

Username ------------------------------------

Password ------------------------------------

Note ------------------------------------

_____●

Web Site ------------------------------------

Email ------------------------------------

Username ------------------------------------

Password ------------------------------------

Note ------------------------------------

_____●

A
B
C
D
E
F
G
H
I
J
K
L
M
N
O
P
Q
R
S
T
U
V
W
X
Y
Z

Web Site _____

⊠ Email _____

⊗ Username _____

🔒 Password _____

🖺 Note _____

_____●

Web Site _____

⊠ Email _____

⊗ Username _____

🔒 Password _____

🖺 Note _____

_____●

Web Site _____

⊠ Email _____

⊗ Username _____

🔒 Password _____

🖺 Note _____

_____●

Web Site _____

⊠ Email _____

⊗ Username _____

🔒 Password _____

🖺 Note _____

_____●

A
B
C
D
E
F
G
H
I
J
K
L
M
N
O
P
Q
R
S
T
U
V
W
X
Y
Z

Web Site _____

Email _____

Username _____

Password _____

Note _____

_____

Web Site _____

Email _____

Username _____

Password _____

Note _____

_____

Web Site _____

Email _____

Username _____

Password _____

Note _____

_____

Web Site _____

Email _____

Username _____

Password _____

Note _____

_____

A
B
C
D
E
F
G
H
I
J
K
L
M
N
O
P
Q
R
S
T
U
V
W
X
Y
Z

Web Site

Email

Username

Password

Note

Web Site

Email

Username

Password

Note

Web Site

Email

Username

Password

Note

Web Site

Email

Username

Password

Note

A
B
C
D
E
F
G
H
I
J
K
L
M
N
O
P
Q
R
S
T
U
V
W
X
Y
Z

⊕ **Web Site** _____

✉ Email _____

⊗ Username _____

🔒 Password _____

📝 Note _____

—————————————————●

⊕ **Web Site** _____

✉ Email _____

⊗ Username _____

🔒 Password _____

📝 Note _____

—————————————————●

⊕ **Web Site** _____

✉ Email _____

⊗ Username _____

🔒 Password _____

📝 Note _____

—————————————————●

⊕ **Web Site** _____

✉ Email _____

⊗ Username _____

🔒 Password _____

📝 Note _____

—————————————————●

A
B
C
D
E
F
G
H
I
J
K
L
M
N
O
P
Q
R
S
T
U
V
W
X
Y
Z

Web Site

Email

Username

Password

Note

Web Site

Email

Username

Password

Note

Web Site

Email

Username

Password

Note

Web Site

Email

Username

Password

Note

A
B
C
D
E
F
G
H
I
J
K
L
M
N
O
P
Q
R
S
T
U
V
W
X
Y
Z

Web Site

Email

Username

Password

Note

Web Site

Email

Username

Password

Note

Web Site

Email

Username

Password

Note

Web Site

Email

Username

Password

Note

A
B
C
D
E
F
G
H
I
J
K
L
M
N
O
P
Q
R
S
T
U
V
W
X
Y
Z

⊕ **Web Site**

✉ Email

⊗ Username

🔒 Password

🖉 Note

⊕ **Web Site**

✉ Email

⊗ Username

🔒 Password

🖉 Note

⊕ **Web Site**

✉ Email

⊗ Username

🔒 Password

🖉 Note

⊕ **Web Site**

✉ Email

⊗ Username

🔒 Password

🖉 Note

A
B
C
D
E
F
G
H
I
J
K
L
M
N
O
P
Q
R
S
T
U
V
W
X
Y
Z

Web Site

Email

Username

Password

Note

Web Site

Email

Username

Password

Note

Web Site

Email

Username

Password

Note

Web Site

Email

Username

Password

Note

A
B
C
D
E
F
G
H
I
J
K
L
M
N
O
P
Q
R
S
T
U
V
W
X
Y
Z

Web Site _____

Email _____

Username _____

Password _____

Note _____

_____●

Web Site _____

Email _____

Username _____

Password _____

Note _____

_____●

Web Site _____

Email _____

Username _____

Password _____

Note _____

_____●

Web Site _____

Email _____

Username _____

Password _____

Note _____

_____●

A B C D E F G H I J K L M N O P Q R S T U V W X Y Z

Web Site ----------------------------------

Email ----------------------------------

Username ----------------------------------

Password ----------------------------------

Note ----------------------------------

Web Site ----------------------------------

Email ----------------------------------

Username ----------------------------------

Password ----------------------------------

Note ----------------------------------

Web Site ----------------------------------

Email ----------------------------------

Username ----------------------------------

Password ----------------------------------

Note ----------------------------------

Web Site ----------------------------------

Email ----------------------------------

Username ----------------------------------

Password ----------------------------------

Note ----------------------------------

A
B
C
D
E
F
G
H
I
J
K
L
M
N
O
P
Q
R
S
T
U
V
W
X
Y
Z

Web Site _____

Email _____

Username _____

Password _____

Note _____

_____●

Web Site _____

Email _____

Username _____

Password _____

Note _____

_____●

Web Site _____

Email _____

Username _____

Password _____

Note _____

_____●

Web Site _____

Email _____

Username _____

Password _____

Note _____

_____●

A
B
C
D
E
F
G
H
I
J
K
L
M
N
O
P
Q
R
T
U
V
W
X
Y
Z

Web Site -

Email -

Username -

Password -

Note -

Web Site -

Email -

Username -

Password -

Note -

Web Site -

Email -

Username -

Password -

Note -

Web Site -

Email -

Username -

Password -

Note -

A B C D E F G H I J K L M N O P Q R S T U V W X Y Z

Web Site

Email

Username

Password

Note

Web Site

Email

Username

Password

Note

Web Site

Email

Username

Password

Note

Web Site

Email

Username

Password

Note

A
B
C
D
E
F
G
H
I
J
K
L
M
N
O
P
Q
R
S
T
U
V
W
X
Y
Z

Web Site

Email

Username

Password

Note

Web Site

Email

Username

Password

Note

Web Site

Email

Username

Password

Note

Web Site

Email

Username

Password

Note

A
B
C
D
E
F
G
H
I
J
K
L
M
N
O
P
Q
R
S
T
U
V
W
X
Y
Z

Web Site

Email

Username

Password

Note

Web Site

Email

Username

Password

Note

Web Site

Email

Username

Password

Note

Web Site

Email

Username

Password

Note

A
B
C
D
E
F
G
H
I
J
K
L
M
N
O
P
Q
R
S
T
U
V
W
X
Y
Z

Web Site ----------------------------------

Email ----------------------------------

Username ----------------------------------

Password ----------------------------------

Note ----------------------------------

Web Site ----------------------------------

Email ----------------------------------

Username ----------------------------------

Password ----------------------------------

Note ----------------------------------

Web Site ----------------------------------

Email ----------------------------------

Username ----------------------------------

Password ----------------------------------

Note ----------------------------------

Web Site ----------------------------------

Email ----------------------------------

Username ----------------------------------

Password ----------------------------------

Note ----------------------------------

A
B
C
D
E
F
G
H
I
J
K
L
M
N
O
P
Q
R
S
T
U
V
W
X
Y
Z

⊕ **Web Site**

✉ Email

⊛ Username

🔒 Password

✑ Note

⊕ **Web Site**

✉ Email

⊛ Username

🔒 Password

✑ Note

⊕ **Web Site**

✉ Email

⊛ Username

🔒 Password

✑ Note

⊕ **Web Site**

✉ Email

⊛ Username

🔒 Password

✑ Note

A
B
C
D
E
F
G
H
I
J
K
L
M
N
O
P
Q
R
S
T
U
V
W
X
Y
Z

Web Site

Email

Username

Password

Note

Web Site

Email

Username

Password

Note

Web Site

Email

Username

Password

Note

Web Site

Email

Username

Password

Note

A
B
C
D
E
F
G
H
I
J
K
L
M
N
O
P
Q
R
S
T
U
V
W
X
Y
Z

Web Site

Email

Username

Password

Note

Web Site

Email

Username

Password

Note

Web Site

Email

Username

Password

Note

Web Site

Email

Username

Password

Note

A
B
C
D
E
F
G
H
I
J
K
L
M
N
O
P
Q
R
S
T
U
V
W
X
Y
Z

Web Site _____

✉ Email _____

👤 Username _____

🔒 Password _____

📝 Note _____

_____

Web Site _____

✉ Email _____

👤 Username _____

🔒 Password _____

📝 Note _____

_____

Web Site _____

✉ Email _____

👤 Username _____

🔒 Password _____

📝 Note _____

_____

Web Site _____

✉ Email _____

👤 Username _____

🔒 Password _____

📝 Note _____

_____

A
B
C
D
E
F
G
H
I
J
K
L
M
N
O
P
Q
R
S
T
U
V
W
X
Y
Z

Web Site _____

Email _____

Username _____

Password _____

Note _____

Web Site _____

Email _____

Username _____

Password _____

Note _____

Web Site _____

Email _____

Username _____

Password _____

Note _____

Web Site _____

Email _____

Username _____

Password _____

Note _____

A
B
C
D
E
F
G
H
I
J
K
L
M
N
O
P
Q
R
S
T
U
V
W
X
Y
Z

Web Site --

Email --

Username --

Password --

Note --

Web Site --

Email --

Username --

Password --

Note --

Web Site --

Email --

Username --

Password --

Note --

Web Site --

Email --

Username --

Password --

Note --

A
B
C
D
E
F
G
H
I
J
K
L
M
N
O
P
Q
R
S
T
U
V
W
X
Y
Z

Web Site

Email

Username

Password

Note

Web Site

Email

Username

Password

Note

Web Site

Email

Username

Password

Note

Web Site

Email

Username

Password

Note

A
B
C
D
E
F
G
H
I
J
K
L
M
N
O
P
Q
R
S
T
U
V
W
X
Y
Z

Web Site

Email

Username

Password

Note

Web Site

Email

Username

Password

Note

Web Site

Email

Username

Password

Note

Web Site

Email

Username

Password

Note

A B C D E F G H I J K L M N O P Q R S T U V W X Y Z

Web Site

Email

Username

Password

Note

Web Site

Email

Username

Password

Note

Web Site

Email

Username

Password

Note

Web Site

Email

Username

Password

Note

A
B
C
D
E
F
G
H
I
J
K
L
M
N
O
P
Q
R
S
T
U
V
W
X
Y
Z

Web Site _____

Email _____

Username _____

Password _____

Note _____

_____●

Web Site _____

Email _____

Username _____

Password _____

Note _____

_____●

Web Site _____

Email _____

Username _____

Password _____

Note _____

_____●

Web Site _____

Email _____

Username _____

Password _____

Note _____

_____●

A B C D E F G H I J K L M N O P Q R S T U V W X Y Z

Web Site

Email

Username

Password

Note

Web Site

Email

Username

Password

Note

Web Site

Email

Username

Password

Note

Web Site

Email

Username

Password

Note

A
B
C
D
E
F
G
H
I
J
K
L
M
N
O
P
Q
R
S
T
U
V
W
X
Y
Z

Web Site _____

Email _____

Username _____

Password _____

Note _____

Web Site _____

Email _____

Username _____

Password _____

Note _____

Web Site _____

Email _____

Username _____

Password _____

Note _____

Web Site _____

Email _____

Username _____

Password _____

Note _____

A
B
C
D
E
F
G
H
I
J
K
L
M
N
O
P
Q
R
S
T
U
V
W
X
Y
Z

Web Site ------------------------------------

✉ Email ------------------------------------

👤 Username ------------------------------------

🔒 Password ------------------------------------

📝 Note ------------------------------------

_____

Web Site ------------------------------------

✉ Email ------------------------------------

👤 Username ------------------------------------

🔒 Password ------------------------------------

📝 Note ------------------------------------

_____

Web Site ------------------------------------

✉ Email ------------------------------------

👤 Username ------------------------------------

🔒 Password ------------------------------------

📝 Note ------------------------------------

_____

Web Site ------------------------------------

✉ Email ------------------------------------

👤 Username ------------------------------------

🔒 Password ------------------------------------

📝 Note ------------------------------------

_____

A B C D E F G H I J K L M N O P Q R S T U V W X Y Z

Web Site

Email

Username

Password

Note

Web Site

Email

Username

Password

Note

Web Site

Email

Username

Password

Note

Web Site

Email

Username

Password

Note

A
B
C
D
E
F
G
H
I
J
K
L
M
N
O
P
Q
R
S
T
U
V
W
X
Y
Z

🌐 **Web Site** _____

✉️ Email _____

👤 Username _____

🔒 Password _____

📋 Note _____

_____

🌐 **Web Site** _____

✉️ Email _____

👤 Username _____

🔒 Password _____

📋 Note _____

_____

🌐 **Web Site** _____

✉️ Email _____

👤 Username _____

🔒 Password _____

📋 Note _____

_____

🌐 **Web Site** _____

✉️ Email _____

👤 Username _____

🔒 Password _____

📋 Note _____

_____

A
B
C
D
E
F
G
H
I
J
K
L
M
N
O
P
Q
R
S
T
U
V
W
X
Y
Z

Web Site

Email

Username

Password

Note

Web Site

Email

Username

Password

Note

Web Site

Email

Username

Password

Note

Web Site

Email

Username

Password

Note

A
B
C
D
E
F
G
H
I
J
K
L
M
N
O
P
Q
R
S
T
U
V
W
X
Y
Z

Web Site _____

Email _____

Username _____

Password _____

Note _____

Web Site _____

Email _____

Username _____

Password _____

Note _____

Web Site _____

Email _____

Username _____

Password _____

Note _____

Web Site _____

Email _____

Username _____

Password _____

Note _____

A
B
C
D
E
F
G
H
I
J
K
L
M
N
O
P
Q
R
S
T
U
V
W
X
Y
Z

Web Site _____

Email _____

Username _____

Password _____

Note _____

_____●

Web Site _____

Email _____

Username _____

Password _____

Note _____

_____●

Web Site _____

Email _____

Username _____

Password _____

Note _____

_____●

Web Site _____

Email _____

Username _____

Password _____

Note _____

_____●

A
B
C
D
E
F
G
H
I
J
K
L
M
N
O
P
Q
R
S
T
U
V
W
X
Y
Z

Web Site

Email

Username

Password

Note

Web Site

Email

Username

Password

Note

Web Site

Email

Username

Password

Note

Web Site

Email

Username

Password

Note

A
B
C
D
E
F
G
H
I
J
K
L
M
N
O
P
Q
R
S
T
U
V
W
X
Y
Z

Web Site

Email

Username

Password

Note

Web Site

Email

Username

Password

Note

Web Site

Email

Username

Password

Note

Web Site

Email

Username

Password

Note

A B C D E F G H I J K L M N O P Q R S T U V W X Y Z

Web Site

Email

Username

Password

Note

Web Site

Email

Username

Password

Note

Web Site

Email

Username

Password

Note

Web Site

Email

Username

Password

Note

A
B
C
D
E
F
G
H
I
J
K
L
M
N
O
P
Q
R
S
T
U
V
W
X
Y
Z

Web Site

Email

Username

Password

Note

Web Site

Email

Username

Password

Note

Web Site

Email

Username

Password

Note

Web Site

Email

Username

Password

Note

A
B
C
D
E
F
G
H
I
J
K
L
M
N
O
P
Q
R
S
T
U
V
W
X
Y
Z

Web Site _____

Email _____

Username _____

Password _____

Note _____

―――――――――――――――――――――●

Web Site _____

Email _____

Username _____

Password _____

Note _____

―――――――――――――――――――――●

Web Site _____

Email _____

Username _____

Password _____

Note _____

―――――――――――――――――――――●

Web Site _____

Email _____

Username _____

Password _____

Note _____

―――――――――――――――――――――●

A B C D E F G H I J K L M N O P Q R S T U V W X Y Z

Made in the USA
Monee, IL
21 August 2021

76218559R00059